AF509145

LES DÉBRIS DU BAQUET,

OU

LETTRE CRITIQUE

DE LA REQUÊTE

DE MESMER.

A PARIS,

Chez les Marchands de Nouveautés.

1784.

LES DÉBRIS
DU BAQUET,

OU

LETTRE CRITIQUE

DE LA REQUÊTE

DE MESMER.

AUTRE nouvelle, mon cher Comte ; autre entreprise de Mesmer. Ce Docteur qui sans doute a senti le coup que lui portoit le Rapport des Commissaires, & qui sans doute aussi a craint quelqu'encombre, vient de recourir à l'autorité des loix. Le 6 ou 7 du mois dernier, il a présenté Requête au Parlement, & il lui a demandé des Commissaires pour examiner sa prétendue découverte, & les effets qu'il en attribue à *sa Méthode*. Vous devez bien sentir que la démarche de cet

A iij

Allemand n'eſt qu'une voie oblique qu'il a ſaiſie pour maintenir encore l'établiſſement de ſes tréteaux.

Mais, mon cher Comte, le beau chef-d'œuvre que cette Requête imprimée ! Elle a été, je vous le jure, fabriquée au *Baquet*. Il n'y a pas un ſeul fait, une ſeule propoſition, un ſeul argument qui ne ſoient faux ou injurieux aux Commiſſaires & à Me. Deſlon.

Meſmer y traite ce dernier de ſot, d'ignorant en fait de *Magnétiſme*. Il prétend que le *Rapport des Commiſſaires n'offre que des preuves de la partialité la plus aveugle, & qu'aucun de ceux qui l'ont ſigné, n'a fait ce qu'il devoit faire.* (Pag. 3 de la Requête).

Je vous aſſure que ce langage m'a révolté, & je ne ſuis pas le cent millième à qui il a fait la même ſenſation. Car, quant à Me. Deſlon, il eſt de fait que, *pendant les quatre années qu'il a vécu avec Meſmer dans l'intimité la plus grande* (Pag 3), ils ont magnétiſé enſemble, l'un ſous les yeux de l'autre, ſuivant la même Méthode & la même connoiſſance de ce qu'ils appellent *Agent*. Il y a plus, Meſmer a chargé le Docteur Deſlon de *magnétiſer* ſes malades, en ſon abſence. Comment Meſmer peut-il donc dire aujourd'hui qu'il *ne peut avouer le Docteur Deslon, ni pour ſon Diſciple, ni pour ſon Interprete* (Pag. 3)? Je ſuis **étonné** que ce Docteur garde un aussi profond silence sur la mauvaise foi de son Maître, & sur l'imputation qu'il lui fait en même tems, puisqu'il le dénonce comme un perfide imitateur de ses procédés, & par conséquent, comme un homme qui en auroit imposé aux Commissaires & au Public.

Mais l'indignation augmente, lorsqu'on lit ces mots : *aucun des Commissaires n'a fait ce qu'il devoit faire.* Et lui indique-t-il dans sa Requête ce qu'on devoit faire ? Non : & qu'est ce que les Commissaires ont fait ? Ils ont d'abord analysé les dogmes établis par Mesmer, dans son Mémoire *sur sa (prétendue) découverte du Magnétisme Animal,* imprimé en 1779. Ensuite ils ont procédé à leurs expériences répétées jusqu'à seize fois sur différens individus, & dirigées non seulement par M^c. Deslon, mais encore d'après les instructions qu'ils avoient prises parmi *les six cens Eleves* que Mesmer dit avoir, tant à Paris, que dans les Provinces; & encore d'après leurs connoissances particulieres. Car enfin, quoiqu'aucun de ces MM. ne soit un Mesmer (ce qu'aucun d'eux sans doute ne desire d'être); il faut que Mesmer leur accorde, malgré lui, quelque mérite.

Or, quel a été le résultat de leurs expériences ? La *non - existence du Magnétisme* indiqué par Mesmer.

Aussi, rit-on du mot de *partialité* que ce Docteur

employe relativement à ce Rapport. C'eft un terme de fa *logique*. Le pauvre homme ! Il voudroit, lui tout feul, perfuader que les neuf Commiffaires, tous connus par leur probité & leur profonde érudition en Médecine & en Phyfique, euffent abfolument erré fur leurs recherches, ou qu'ils euffent formé le complot de tromper notre Monarque & le Public, en leur annonçant comme chimère, une chofe qui auroit le précieux effet de guérir & de préferver les hommes.

Mais tenez, mon cher Comte, je gage que fi les Commiffaires, au lieu d'opérer d'après les procédés de M^e. Deflon, jadis avoué *publiquement* par Mefmer pour fon Difciple, & aujourd'hui défavoué pour tel, euffent opéré d'après la Méthode de l'un ou l'autre de ceux que Mefmer reconnoît pour fes Eleves, je gage, dis-je, qu'il auroit jetté les mêmes cris.

A l'égard des Commiffaires, il auroit dit *qu'aucun d'eux n'a fait ce qu'il devoit faire* ; & à l'égard de fon Eleve, il auroit dit ce qu'il a dit de M^e. Deflon : *qu'il ne lui a laiffé entrevoir que quelques portions du fyftéme de fes connoiffances, mais QU'EN S'EXPLI-QUANT AVEC LUI PLUS LIBREMENT QU'AVEC AUCUNE DES PERSONNES QUI L'AP-PROCHOIENT, il lui avoit fait remarquer combien les notions qu'il lui permettoit d'acquérir, étoient peu propres à donner une idée véritable de l'importance & de l'étendue de fa doctrine* (Pag. 4).

Mais si Mesmer en a ainsi agi avec Mᵉ. Deslon, son intime ami, pendant quatre ans, *& avec qui il s'est expliqué sur sa doctrine plus librement qu'avec tout autre*; comment s'est-il donc comporté avec ses trois cens *Eleves existants à Paris*, *& ses trois cens Eleves dispersés dans les Provinces* (Pag. 7)? Vòtre langage, M. le Docteur, nous annonce que vous avez *magnétisé* la bourse de ces six cens Eleves, & qu'ils ne seront que des machines que vous avouerez ou que vous méconnoîtrez suivant les circonstances. Mais cela n'est pas étonnant, la conscience de l'*homme aux crises*, doit avoir les siennes. O M. Mesmer, que vous êtes un Maître étrange !

Que vous êtes extraordinaire ! Vous avez apporté avec vous la nouvelle que vous aviez été en quelque sorte forcé de quitter votre patrie, & vous avez présenté votre fuite comme un fait héroïque. On voit dans votre *Mémoire imprimé*, combien vous avez essuyé de rebuffades en Allemagne, en Suisse, en Baviere, &c. Mais que votre exposé à cet égard est sublime ! Que de trophées ! En arrivant à Paris, on vous a dit : « Mesmer, vous qui » êtes Allemand ; vous qui êtes Docteur de » Vienne, comment n'avez-vous pas pu établir » parmi vos concitoyens, le système auquel vous » prétendez enchaîner la santé & la vie des » François? — C'est l'ignorance & la jalousie, avez-

» vous répondu , qui m'ont perfécuté ». Propos de Charlatan ; car en Allemagne comme en France, on ne perfécute point l'Auteur d'une découverte effentiellement utile. Ce font les découvertes funeftes au monde , qui font en tous pays profcrire leur Auteur. C'eft quelquefois l'abus qu'un homme fait d'une découverte heureufe & imaginée avant lui , qui lui attire un mépris univerfel : tels nous avons vu le 11 Juillet dernier, l'Abbé Miaulan & Janninet, fiflés, mocqués par tout Paris, pour y avoir voulu faire partir un ballon qu'ils n'avoient pas même eu l'adreffe de fabriquer. Efpérons, mon cher Comte , de voir bientôt le jour où l'on fera une pareille juftice à Mefmer, fi toutefois il s'y foumet à Paris ; car c'eft un homme admirable.

Vous vous rappellez fa doctrine : Vous favez qu'il prétend que *la Nature offre un moyen univerfel de guérir & de préferver les hommes* ; & que ce moyen eft le *Magnétifme*, ou l'adminiftration d'un *fluide Magnétique Animal*. Or , qui dit *un moyen univerfel* , dit un moyen relatif à toutes les circonftances. Il n'y a donc aucune maladie qui, fuivant Mefmer, ne doive être domptée par fon moyen.

Il faut l'avouer ici , mon cher Comte : tant que Mefmer a opéré dans les ténèbres ; tant qu'il a trouvé des perfonnes affez folles, & fur tout parmi les femmes dont la coqueterie & les caprices reglent le tempérament ; tant qu'il a fçu fournir adroitement aux befoins de quelques gens qui ne font d'autre métier que de préconifer les Charlatans en tout genre; tant qu'il a pu avec audace jouer le rôle *d'Inventeur*, & qu'il a fçu échauffer l'imagination par l'appareil des procédés & le ton des grands mots, il a foumis à fes traitemens toutes les maladies. Mais lorfqu'il a vu que l'intérêt public furveilloit ceux qui s'expofoient aux crifes, & que les cendres des victimes de *fon* Magnétifme réclamoient enfin la vengeance de la fociété trompée, Mefmer a diftingué. Il a dit *tout bas* qu'il n'admettoit plus à fes *Baquets* les maladies qui déshonorent la ceinture de Vénus : il en a enfuite doucement écarté quelques autres : il a dit enfuite que des malades étoient venus trop tard, &c.

Mefmer a donc limité les effets de fon Agent qu'il avoit donné pour *moyen univerfel*, de même qu'il avoit établi pour principe, qu'il n'y avoit *qu'une Nature & une maladie* : & dès lors il n'eft qu'un Charlatan à Paris, de même qu'il l'étoit à Vienne. Voilà fon Arrêt d'après fa doctrine & fes faits. Je doute fort qu'en quelque Cour que ce foit, il foit admis à fe pourvoir en caffation, quand bien même le Philofophe Montagne reffufciteroit pour l'entendre.

En ce moment, mon cher Comte, je me rappelle votre furprife fur ce qu'on ne lui avoit pas interdit tout traitement, du moins avant que son moyen & sa méthode ne fussent examinés.

Il prétend dans sa Requête, qu'il a proposé à la Faculté d'exercer sous ses yeux ; mais ceci est un mensonge. Il n'a fait à la Faculté qu'un défi malhonnête, indécent, & qu'elle n'auroit pu accepter sans compromettre sa dignité & ses devoirs.

Quant à ses protestations contre M^e. Deslon, (Pag. 4 & 5) si toutefois elles existent, (il n'a pas osé les faire imprimer à la suite de sa Requête, quoiqu'il en argumente comme pieces justificatives de sa demande), elles ne décéleroient que sa mauvaise foi : car étant toutes postérieures au mois d'Octobre 1782, elles ne seroient que le fruit de la petite animosité qu'il avoit à cette époque conçue contre M^e. Deslon, qui venoit de se séparer de lui & qui traitoit en particulier.

Mais d'ailleurs, si cet homme eût desiré de soumettre l'examen de sa doctrine & de ses traitemens à des gens de l'art, n'auroit-il pas prévenu la démarche de M^e. Deslon ? Son *défaut de qualité à Paris*, les circonstances dans lesquelles il s'est présenté, *son desintéressement personnel*, comme il le dit pag. 8, les discussions auxquelles il devoit s'attendre, les bonnes graces de notre Roi qu'il devoit rechercher, cette chaleur qu'il met aujourd'hui à soutenir *la cause du monde entier*

(Pag. 8.), n'étoient-ils pas des motifs affez preffans pour le déterminer à faire ce qu'a fait M^e. Deflon? Au lieu de cela, que dit-il, & que fait-il? Il fuppofe que le Docteur Deflon a *abufé de fa confiance ;* qu'il a *abufé de fa doctrine*... (Pag. 3.) Il protefte *en fecret*, contre ces abus allégués... Illufion! Charlatanerie encore, M. le Docteur! Et c'eft au moment où vous vous en voyez convaincu, que vous demandez à la juftice un examen! Allez, vous êtes un contrebandier qui, furpris en délit, jette fes Marchandifes au feu : vous êtes un avanturier à qui il falloit des *dupes & des maniaques*, comme je viens de le lire à l'article qui vous concerne dans *le Courier de l'Europe.*

Eh, mon cher Comte, combien la nouveauté, fur-tout en charlatanerie, ne fait-elle pas de profélytes? Combien un malade n'eft-il pas facile à perfuader? Que dis-je? Combien de gens n'affectent-ils pas d'être malades, pour tâter d'un traitement qui ne peut foulager que leur curiofité? N'en voyons-nous pas auffi dans les cafés qui, fortant d'un tripot ou d'une académie, vous difent gravement qu'ils fortent de la falle de Mefmer, qu'ils lui ont vu faire telle ou telle cure? N'en avons-nous pas vu durant la derniere guerre, qui, après avoir croupi cinq ou fix mois en prifon, juroient qu'ils arrivoient de l'Amérique ou de Gibraltar.

Mefmer a fu agiter pour lui un groupe de ces per-

fonnages, en leur arrangeant de belles phrafes.
Ajoutez que ce Docteur à qui le Miniftère, la Juftice
& la Faculté n'ont jamais ni rien dit ni rien fait,
puifqu'il a conftamment joui d'un exercice public,
a toujours fu fe montrer *comme un objet de vexations
publiques & fecrettes* (Pag. 9) : c'eft l'art de tous les
Charlatans. Ajoutez auffi qu'il nous a accablé de
grandes liftes de prétendus miracles opérés, foit par
lui, foit par des Eleves qu'il n'a jamais vus.

O M. Mefmer, à quoi penfez-vous, lorfque
vous dites dans votre Requête, « que ce n'eft pas
» votre propre caufe que vous entreprenez de dé-
» fendre, *qu'aucune vue d'intérêt perfonnel ne vous
» détermine ; que vous n'afpirez pas*, comme on
» pourroit le croire, *à l'exercice de la Médecine dans
» Paris* (Pag. 8); que, quand on parle au nom
» de l'humanité, les motifs qui font agir font
» grands comme l'objet qu'on fe propofe ; que la
» caufe que vous abandonnez à la décifion de la
» Cour, eft *celle du monde entier*, &c. »

Eh bien, mon cher Comte, ces grands mots là
ne fentent-ils pas le Baquet de cent lieues ? Quoi,
Mefmer prétend qu'il ne défend pas fa propre
caufe ! Mais, pourquoi donc a-t il préfenté une
Requête en fon nom ? Pourquoi n'y parle-t-il que
de *fa doctrine*, que de *fes* procédés dans l'adminiftration de *fon Magnétifme* ? Pourquoi dit-il dans
fa lettre à M. le Comte de C***, imprimée en

tête de cette Requête , que *menacé d'une dénoncia-tion dans les Tribunaux , il a dû recourir à la pro-tection des loix ?* (Pag 1). C'eſt donc vous qui êtes *menacé*; c'eſt donc vous qui recourez à la protection de la Juſtice.... Oh Meſmer , c'eſt vous , c'eſt votre *cauſe perſonnelle* , c'eſt la cauſe de votre charlata-niſme que vous défendez, & que ni le *monde entier,* ni même pas un ſeul des individus qui exiſte dans le monde , ne revendiquent. Non , mon cher Comte , perſonne , je vous le jure, n'intervien-dra pour ſoutenir l'importance de la doctrine du Suppliant Meſmer.

Aucune vue d'intérêt perſonnel ne le détermine..... Quelle audace ! Si jamais vous avez vu , mon cher Comte , quelque tableau repréſentant le rachat des Captifs, l'un des objets qui a dû vous frapper, eſt le tas de pieces d'or & d'argent qui couvrent les tables du Pirate. Alors, prenez que Meſmer ſoit le *Pirate* , & que les tables ſoient les *Baquets* , & vous aurez une juſte idée du *déſintéreſſement perſonnel* de Meſmer. Voici un de ſes traits qui prouve la juſteſſe de ma comparaiſon.

Vous ſavez que jamais nation n'a , plus que la nôtre , reſſenti les effets de la bonté de ſon Roi , parce que jamais Roi n'a , plus que le nôtre , veillé à la conſervation de ſon peuple. Le Miniſ-tere , guidé par ces ſentimens , avoit offert dès le principe à Meſmer , 20,000 liv. de rente , &

200,000 liv. pour acheter une maison propre à ses traitemens. On devoit aussi lui indiquer un nombre de Disciples ; parce qu'on étoit de bonne foi vis-à-vis de l'homme , & curieux pour l'humanité de son *moyen universel*. Mesmer est un Etre isolé , sur-tout en France. Et le croirez-vous ? Il a eu l'indécence de refuser cette offre , ce bienfait qu'il recevoit de la main du meilleur des Rois. Il a préféré d'épuiser la bourse de quelques particuliers , ses dupes , à une récompense limitée , mais bien grande & bien honorable sans doute. D'après cela , comparez les faits de l'homme avec son langage : *Aucune vue d'intérêt personnel ne me détermine.* O mon cher Comte ! ne sentez-vous point quelques crises ? Ne tenez-vous pas quelques verges de fer.....? Un moment : notre envoyé de la Lune vous dit *qu'il n'aspire point à l'exercice de la Médecine dans Paris , comme on pourroit le croire.* Que lui répondez-vous ? Pour moi , je demande *acte* de sa déclaration , & je dis ensuite qu'il a raison. Car la médecine est l'art de conserver la santé présente , & de rétablir celle qui est altérée ; & en effet la médecine exercée doit nécessairement remplir ces deux objets. Or , Mesmer dérange par l'effet de ses *crises* la santé de ceux qui l'y exposent en bon état , & conduit tout doucement ses malades au tombeau. Il est donc clair que Mesmer exerce un art contraire à celui de la médecine.

decine. On n'a jamais cru ni pu croire autre chose de lui ; & comme il s'aide de *musique*, ne seroit-il pas utile qu'on l'obligeât à la mettre au dehors, & qu'on le forçât à expliquer ce *à quoi il aspire ?*

Si je passois sur le *Pont-Neuf* & que j'entendisse Mesmer, après un air de trompette ou un coup de tambour, dire : *Messieurs & Dames , je plaide au nom de l'humanité ; je plaide la cause du monde entier, &c. ,* je dirois : voilà mon homme à sa place. Mais quand il tient ce langage dans une Requête imprimée, je lui dis : Ecoutez, parmi ce qui compose l'humanité, je connois bien des gens que vous avez *magnétisés* pour de l'argent ; à la vérité, quelques-uns vous l'ont fait restituer à *bas bruit*, d'autres n'ont pas voulu le réclamer en justice, parce que souvent on n'aime pas à publier un emploi futile de sa bourse ; je connois, vous dis-je, bien de ces gens-là , & entr'autres une femme & sa fille qui protesteroient, si vous persistiez dans les qualités que vous avez prises en votre cause.

Cette femme, mon cher Comte, voulant avec sa fille, chacune pour ses 50 louis, se mettre à la mode , se sont rendues aux *bons baquets*. Elles n'étoient point malades, & elles ont été magnétisées *en plein*. Qu'en est-il résulté pour elles ? Une quasi-folie. Il y a environ 15 jours que je leur fis une visite : c'étoit le matin ; & j'arrivai au mo-

B

ment où elles étoient à leurs toilettes. Nous cau-
fons de *Ballons* & de *Magnétifme*. A peine en
étions-nous fur ce dernier article, que la Demoifelle quitte fa femme-de-chambre, faute fur fon
lit & crie qu'on lui jette fur la figure des oreillers
& des traverfins. La Bonne obéit; & pendant la céré-
monie, la pauvre Demoifelle crioit, pleuroit,
rioit, chantoit. Que j'eus de plaifir à cette fcene!
j'ai fu depuis qu'elle fe renouvelloit de tems à
autre, & même plufieurs fois dans un jour. Sa
mere eft devenue fujette aux même crifes.

Oh! fi jamais je me marie, j'éviterai bien de
prendre pour femme, une fille ou une veuve
magnétifée.

Mais, mon cher Comte, il falloit que le magnétifme fût acharné après moi ce même jour-là.
Car en fortant de chez cette Dame, je me rendis
chez un de mes amis qui m'avoit invité à dîner.
Nous nous y trouvâmes neuf à dix, dont quatre
Dames & trois Médecins. L'une d'elles, à qui la
langue démangeoit de parler magnétifme, fur-tout
en préfence de Médecins, profita d'un moment
de filence, & apoftrophant l'un d'eux qu'elle con-
noiffoit un peu, elle lui dit : Eh bien, Monfieur
le Docteur, que penfez-vous de Monfieur Mefmer? Je vous dirai, moi, qu'il m'a guérie de la
malheureufe habitude où j'étois de prendre tous
les huit jours une médecine. Cette médecine m'é-

roit devenue fi néceffaire qu'en vérité je n'étois bonne à rien, lorfqu'elle me manquoit au jour précis. Aduellement, plus de médecine, je l'ai oubliée, & je me porte comme une Reine. Deux autres de ces Dames applaudirent en atteftant la cure merveilleufe. « Eh Mefdames, dit le Mé- » decin, en fouriant, graces à l'oubli, & j'ap- » plaudis auffi » : & tous applaudirent.

Je brûlois auffi de lâcher mon mot. Un autre Médecin m'en fournit l'occafion en tirant de fa poche la Requête de Mefmer. Voilà, nous dit-il, du fruit nouveau : Mefmer qui a craint, à ce qu'il dit, une dénonciation, s'eft dénoncé lui-même. Cette Requête eft admife ; & le Parlement lui a nommé pour Commiffaires, quatre Médecins, deux Chirurgiens, & deux Maîtres en Pharmacie. Refte à favoir fi cette Ordonnance fera exécutée.

Ce ne feroit plus une Lettre, mon cher Comte, que je vous ferois, fi je vous rendois compte de de tout ce qui fut dit alors. Je pris la Requête, je la lus : & après en avoir démontré les abfurdités & avoir dévoré le courroux que l'audace de ce Charlatan m'infpiroit, je m'expliquai ainfi :

Parbleu, MM., je crois que le magnétifme n'eft autre chofe que le fecret de ma Grand'mere. Cette bonne femme étoit attaquée d'un rhuma- tifme au bras droit ; & pour calmer les douleurs qu'elle en reffentoit, elle faifoit coucher dans fon

lit un petit chien qui échauffoit son bras , &
même y excitoit des sueurs : dites - moi , le
petit chien ne *magnétisoit - il* pas le bras de
ma Grand'mere ? N'est-ce pas là le *Magnétisme* ?
quand on entreprend de rappeler un *Noyé* à la vie ,
on l'échauffe par des frottemens , en même tems
qu'un homme lui souffle dans la bouche , & s'ap-
plique même sur lui ; n'est-ce pas là *magnétiser* ?
Qu'un Charpentier ou un Maçon tombe du haut
de son échafaudage , s'il se meurtrit , pour pre-
mier secours , on lui fait une robe-de-chambre
de la peau d'un mouton écorché vif ; n'est-ce pas
encore là *magnétiser* ? &c. &c. De tout tems on
connoît & on pratique la médecine de *l'attouche-*
ment & des *frictions*. Pourquoi donc fait-elle tant
de bruit aujourd'hui ? En voici la raison. Mesmer
est *Allemand*. Les François sont fous des étrangers :
ce sentiment est louable en eux. Mesmer s'est an-
noncé comme *Inventeur* d'une doctrine & d'un
remede qu'il a appelé *Magnétisme*. Que ce mot là
est joli ! Qu'il est charmant à prononcer , sur-tout
pour les femmes & les petits-maîtres à qui il étoit
inconnu ! Et bientôt les allées du Palais Royal ,
les cafés , les boudoirs ne retentissent que du
mot *Magnétisme* ! Mesmer , habile en son métier ,
fait imprimer en 1779 , cette grande phrase qui
en tout tems doit faire la base de sa condamnation
aux yeux de la Justice , & dévoiler sa charlatane-

rie aux yeux du Public ; il fait, dis-je, imprimer
dans son *Avis au Lecteur*, en tête de son Mémoire,
QUE *LA NATURE OFFRE UN MOYEN UNI-*
VERSEL DE GUÉRIR ET DE PRÉSERVER LES
HOMMES. Qui ne seroit pas adorateur d'un tel
moyen ! *Un moyen universel de guérir ! Un moyen*
universel de préserver les hommes ! avouez, MM.
que chaque mot en impose : & on a cru bonne-
ment que cette phrase contenoit *une importante*
vérité dans tout son jour, comme Mesmer l'avoit
fait imprimer. Mais la mort ? — On ne meurt plus ;
il y a un *moyen universel de préserver les hommes.*
Qu'elle magie ! Mesmer a pris un grand apparte-
ment : il a une grande salle : il a un *baquet*, des
petites *verges de fer* : on y entend de la musique ;
il lui faut 50, 100 louis : tout le monde s'y voit...
« Eh bon jour, Monsieur le Marquis, j'ai passé
» une nuit bien cruelle, j'ai eu une migraine af-
» freuse : il faut absolument me faire *magnétiser*. »
Monsieur le Marquis cede pour Madame ; par
complaisance, il cede pour lui-même. Eh puis,
vive Mesmer ! vive son Baquet ! voilà, MM.
comme je vois le *magnétisme* de Mesmer, & la
malheureuse vogue qu'il a eue. C'est la médecine
de *l'attouchement* & des *frictions* connue de tous
les tems, & que Mesmer a avilie, en s'en faisant
une *propriété*, un objet de son *invention* ; en en
faisant, comme l'on dit, une *selle à tous che-*

vaux , & en l'adminiſtrant avec le ton, l'appareil & les dehors *emphatiques* du Charlatan.

Au ſurplus , MM. , dis-je aux Médecins par-
ticuliérement , Meſmer vous met à votre aiſe.
Qui vous empêche maintenant d'intervenir pour
demander *par proviſion* la clôture de ſon *tripot* ?
Tout ce qui touche à la médecine n'eſt-il pas ſub-
ordonné à vos décrets ? Lorſque vous recevez le
bonnet de Docteur , ne jurez-vous pas de dénon-
cer quiconque exerce , *ſans qualité* , la médecine
dans Paris, ou qui l'y exerce contre les regles de
l'Art ? N'avez-vous pas un Rapport contre lequel
tous les *baquets* viennent ſe briſer ? Je ſais bien
que vous n'avez ici à combattre qu'un *Charlatan* ,
qu'un homme qui , en prétendant guérir *toutes les*
maladies , déclare en même tems & *en juſtice*
qu'il n'aſpire point à exercer la Médecine ; je ſais
qu'une Faculté auſſi reſpectable que la vôtre n'aime
point à diſcuter des caprices & des impoſtures ;
mais encore faut-il prendre la défenſe de la vérité :
c'eſt à vous de démontrer en juſtice , puiſque
Meſmer s'y eſt mis, c'eſt à vous, dis-je , de démontrer que cet homme en a impoſé ſous toutes
faces ; que ſes dogmes, ſa doctrine, ſes faits ,
en un mot que tout en lui eſt contradictoire. Crai-
gnez-vous qu'on ne diſe que ce ſoit votre intérêt
perſonnel qui vous aura fait agir ? Mais il n'y a
que des inſenſés qui puiſſent tenir ce langage ,

parce qu'il n'y a que des insensés qui puissent sup-poser un intérêt personnel dans une action qui n'intéresse véritablement que le Public.

On me répondit que la question que j'agitois avoit été proposée dans une assemblée, mais que la pluralité des voix pour garder le silence, l'a-voit emporté. Je déplorai une telle résolution, en faisant des vœux pour qu'elle changeât.

Je sortis, & j'emportai la Requête, en me pro-mettant d'en faire aussi-tôt la discussion. Je crois avoir rempli mon objet dans cette lettre ; & j'es-pere, mon cher Comte, que l'idée de la gravure représentant des diables renversant les *baquets*, bri-sant les *verges de fer*, & emportant Mesmer, ac-querra bientôt de la réalité, & que nous lirons sur la porte de la salle au *Magnétisme* :

> Jadis un Charlatan tenoit ici Boutique :
> Mesmer étoit son nom : sa doctrine magique
> Sut étonner quelques esprits.
> Mais la lumiere enfin dévoila l'imposture...
> On le chassa, malgré ses cris;
> Il étoit tems pour la Nature.

J'ai l'honneur d'être, &c.

***.

Paris, ce 8 Octobre 1784.

www.ingramcontent.com/pod-product-compliance
Lightning Source LLC
LaVergne TN
LVHW011443170726
843501LV00009B/3299